LA
RÉFORME SOCIALE
EN ESPAGNE

PAR

ADOLFO POSADA,

Chef de la section de législation et bibliographie
à l'Institut de réformes sociales.

(Extrait de la Revue Internationale de Sociologie.)

PARIS, V°

V. GIARD & E. BRIÈRE

LIBRAIRES-ÉDITEURS

16, rue Soufflot, et rue Toullier, 12

1907

LA
RÉFORME SOCIALE
EN ESPAGNE

PAR

ADOLFO POSADA,

Chef de la section de législation et bibliographie
à l'Institut de réformes sociales.

(Extrait de la Revue Internationale de Sociologie.)

PARIS, Vᵉ
V. GIARD & E. BRIÈRE
LIBRAIRES-ÉDITEURS
16, rue Soufflot, et rue Toullier, 12
1907

LA RÉFORME SOCIALE

EN ESPAGNE

Coup d'œil général.

« La législation du travail en Espagne — dit M. Léger — et le
mouvement des idées sociales présentent en ce moment le grand intérêt qu'a toute chose vivante, toute chose en voie de croissance pro-
gressive et d'évolution efficace. Jusqu'à ces dernières années les idées
d'intervention en matière sociale, et surtout ouvrière, n'avaient pas
pris une grande extension au delà des Pyrénées, et surtout n'étaient
pas arrivées à une réalisation pratique (1) ». M. Léger voit dans l'année
1900 la date initiale du mouvement législatif ouvrier, dont quelques
manifestations antérieures, bien qu'importantes, ne sont pas sorties
de la catégorie des bonnes intentions sans effet positif sur la réglementation effective des relations du travail. La loi du 24 juillet 1873
sur les ouvriers des deux sexes âgés de moins de dix ans n'a vraiment
pas été incorporée à notre droit positif et n'a guère été mise en pratique. M. Léger a d'ailleurs des raisons de regarder comme l'origine
de la réforme *législative* ouvrière la loi du 30 janvier 1900 de M. Dato,
relative aux accidents du travail. Il est évident que cette loi
est la plus importante de toutes celles qu'on a faites en matière
sociale, non que son objet immédiat et positif, l'indemnisation de
l'ouvrier victime d'un accident, ou de ses ayants droit, soit d'une plus
grande importance sociale que, par exemple, la protection de l'enfant
ou de la femme, celle de l'enfance abandonnée ou les syndicats
agricoles, mais parce que, mieux que toutes les lois faites jusqu'ici
pour la protection du travailleur, cette loi du 30 janvier 1900 s'est
incorporée de la façon la plus efficace à la vie du droit, et a réellement

---

(1) Léger. — *Législation du travail en Espagne,* dans les *Annales des
sciences politiques* de juillet 1906.

modifié les relations économiques du capital et du travail. On peut discuter si la loi de 1900 pouvait donner une organisation plus parfaite et des garanties plus positives au régime des indemnités, et s'il était opportun d'établir immédiatement une forme d'assurance obligatoire et de garanties contre l'insolvabilité possible des patrons. Mais il est indiscutable que cette loi a réellement amélioré la condition de l'ouvrier blessé, qui reçoit une indemnité, si modeste qu'elle soit, à la charge du capital. D'autre part, la loi du 30 janvier 1900 a introduit dans notre droit traditionnel un principe « révolutionnaire » dont les conséquences se manifesteront peu à peu, savoir : le principe du *risque professionel*. Bien que cette loi ne s'applique qu'à l'industrie et aux blessures ou accidents (infirmité par accident), comment empêcher que la logique n'impose l'application du principe à toutes les manifestations agricoles, aux travaux et occupations, qui en sont aujourd'hui exceptées, ainsi qu'à l'*infirmité professionnelle* proprement dite ?

Toutefois je ne me propose pas d'étudier ici la loi du 30 janvier 1900. Mon but est de rassembler et de mettre en évidence les récents progrès de la réforme sociale en Espagne, car cette loi a déjà son histoire et peut être regardée comme une phase antérieure, déjà passée, de l'évolution moderne du droit ouvrier. En considérant l'ensemble de la législation sociale, pour réaliser le but de ce travail, nous pouvons distinguer deux groupes de dispositions, toutes plus ou moins récentes. Dans le premier il faut, avant tout, mettre *trois* lois fondamentales au point de vue ouvrier, lois dont la jurisprudence est plus ou moins efficace et riche, et qui représentent les premières étapes réelles du nouveau droit protecteur des ouvriers. Ce sont : 1º la loi déjà citée du 30 janvier 1900 sur les *accidents du travail*; 2º la loi du 30 mars de la même année *fixant les conditions du travail des femmes et des enfants*; et 3º la loi du 3 mars 1904 relative au *repos dominical*. Une indication plus détaillée de cette première étape législative aurait à signaler, à côté de chacune de ces lois, les dispositions dictées pour leur exécution, interprétation et éclaircissement (1), et de plus d'autres dispositions diverses, de caractère administratif, qui révèlent l'intérêt récent des gouvernements espagnols pour cette matière. Mais, comme mon étude a pour objet les réformes *législatives* proprement dites, je me borne à citer les lois en faisant abstraction des autres

---

(1) V. Institut de réformes sociales : *Législation du travail* (1905).

manifestations. En outre de ces trois lois, il faudrait aussi ranger dans ce premier groupe d'autres lois, qui ont un caractère, non pas ouvrier, mais plutôt *social*, au sens où l'on prend ce mot quand il s'agit de l'intervention *tutélaire* de l'État en faveur des faibles. Telle sont la loi sur la *mendicité des mineurs de moins de seize ans*, du 23 juillet 1905, et la loi sur la *protection de l'enfance*, du 12 août 1904.

Dans le second groupe l'on doit ranger les lois plus récentes, qui ont pour caractère commun d'avoir été élaborées par le même parlement dans une même législature, après avoir été préparées par l'Institut de réformes sociales, et qui font partie du programme général de réformes législatives de caractère social soumis par les derniers gouvernements aux Cortès. Ces lois sont les suivantes : 1° la loi du 23 janvier 1906 d'après laquelle le ministère du Fomento prendra dorénavant à sa charge tous les services qui se rapportent aux *magasins de blé* (*Positos*); 2° la loi du 28 mai de la même année sur les *syndicats agricoles*; 3° la loi du 12 juillet dernier sur les *exemptions de saisies de salaires*, loi qui modifie différents articles du code civil.

Je ne m'occuperai, dans la première partie de cette étude, que des lois du second groupe.

I

La loi sur les « magasins de blé » (Positos).

En comparant le travail législatif soumis aux Cortès, celui qui a été peu à peu se préparant, et celui qui a été promulgué dans la *Gaceta*, le dernier paraîtra relativement modeste et maigre. Malgré cela l'on doit estimer que l'on a fait beaucoup en promulguant les trois lois mentionnées plus haut, surtout celles sur les *syndicats agricoles* et sur les *exemptions de saisies de salaires,* si l'on tient compte de la courte durée de la période préparatoire d'élaboration *technique* de ces lois, comme nous le verrons ci-après.

Les deux lois sur les *magasins de blé* et sur les *syndicats* ont été formulées dans les mêmes intentions que pour le problème agraire. Elles donnent des remèdes plus ou moins indirects à la situation précaire, difficile, arriérée du paysan espagnol, exploité et opprimé par l'usure, au point de vue économique, et très en retard au point de vue de la technique agricole et des procédés de culture.

La loi sur les magasins de blé se propose de rénover tout cela et de transformer l'agriculture conformément aux nouveaux besoins de notre époque.

Les antécédents de cette loi, au point de vue de son élaboration, sont surtout dans l'Institut de réformes sociales, et ils constituent l'une des premières manifestations de l'activité de ce centre créé en 1904 (1). Ce fut en effet le 7 mars 1904 que l'on présente le premier projet, objet d'une proposition particulière, que l'on se mit a discuter de suite. Mais le 22 du même mois l'on soumit à l'Institut une sorte de contre-projet fait, dans l'intention de ses auteurs, dans le but de transformer les magasins de blé en institutions de crédit agricole à la moderne, capables de jouer le même rôle que les célèbres caisses de crédit populaire.

Le contre-projet fut accepté par la majorité des votes, et une fois approuvé, remis au gouvernement le 12 juin de ladite année 1904.

Le mécanisme de ce projet de loi était très simple. Il confiait au Ministère de l'Agriculture (aujourd'hui Fomento) tous les services relatifs aux magasins de blé; il instituait des commissaires royaux chargés de vérifier l'avoir de ces magasins, la rentrée de leurs créances et les variations de leurs réserves de grains, c'est-à-dire de tirer au clair le fonctionnement des magasins existants et de les mettre en état de remplir leurs fonctions diverses. Le projet déterminait en outre les règles suivant lesquelles devraient fonctionner à l'avenir les magasins de blé. Les règles 3, 4 et 5 de l'article 9, et l'article 11 présentent un intérêt particulier, en tant qu'elles indiquent l'esprit de la loi. Article 9, règles :

3º Les commissions locales pourront acquérir semences, engrais et outils de toute espèce et faire des prêts, en nature ou en espèces, à un intérêt qui ne dépassera pas 3 0/0. Elle pourront également faire l'acquisition de machines agricoles et les donner aux travailleurs aux conditions les plus favorables, ou les faire fonctionner pour le compte de la commission, en touchant, en nature ou en espèces, un tant pour chacune, qui sera versé au profit du magasin de blé. La permission de se livrer à ces opérations sera concédée par le commissaire royal, après autorisation préalable de l'ingénieur agronome de la province.

4º L'intérêt du prêt ne dépassera pas 3 0/0, et les prêts seront accor-

---

(1) Voir ces antécédents dans l'ouvrage sur l'*Institut du travail* de Buylla, Posada et Morote. Discours préliminaire de Canaleyas. 1903.

dés de préférence aux syndicats agricoles et aux associations mutuelles de journaliers qui les solliciteront.

5° Les prêts seront d'un an, renouvelables pour un autre, et se feront, suivant l'ordre rigoureux des demandes... (Article 11). Les magasins de blé sont exemptés de l'impôt territorial pour les édifices qui leur appartiennent et où ils fonctionnent, et de toute autre contribution, impôt ou arbitrage, pour les opérations qu'ils accomplissent.

Le gouvernement ne s'opposa point à la proposition de l'Institut et il présenta aux Cortès le 7 octobre 1904 un projet de loi réorganisant les magasins de blé existants et leurs règlements.

Le président du Conseil des ministres, M. Maura, porta ce projet de loi au Sénat, qui, après avoir adopté diverses propositions et additions, commença à discuter le rapport de la commission. Mais une crise qui survint interrompit longtemps la session, et le projet resta sans approbation. De nouvelles Cortès ayant été réunies en 1905, le président du Conseil des ministres se borna à reproduire le projet de loi de M. Maura tel qu'il avait été discuté et voté, dit le préambule, par le Sénat dans la législature antérieure. Cela eut lieu le 25 novembre 1905, et le 25 janvier 1906, le projet, converti en loi, avec quelques changements, fut approuvé par la Couronne.

Cette loi obéit en général aux mêmes principes et tendances que la proposition de l'Institut de réformes sociales : rénover, dans le sens des nouveaux besoins de l'agriculture, l'institution des magasins de blé ; faire passer leur direction au ministre du Fomento, afin de les soustraire aux influences politiques, et d'affirmer leur caractère technique et social, au moyen de la surveillance, par un commissaire royal, assisté d'un personnel auxiliaire convenablement distribué, de l'état actuel des magasins de blé, de leur avoir, opérations et crises, etc., etc.

La partie essentielle de la loi, celle qui détermine les fonctions des magasins de blé, les règles de leurs opérations et leur condition, accentue certaines des indications du projet de l'Institut et en rectifie d'autres. Voici les principales dispositions qui permettent de se faire une idée claire du but de la loi sur les magasins de blé. Article 2 :

« Les magasins de blé ne cesseront pas d'être considérés légalement comme tels lors même que, au lieu de se borner à effectuer des prêts de grains aux laboureurs, ils étendraient leur action à faire des prêts en espèces, à fonctionner comme caisses rurales d'épargne et de prêt, ou à faciliter l'acquisition ou l'usage d'outils, machines, semences, engrais, animaux reproducteurs et de toutes autres choses utiles aux industries agricoles et pastorales.

« Ils pourront également constituer des dépôts de grains, et faire sur eux des avances ne dépassant pas la moitié de leur valeur, au taux d'intérêt fixé pour les prêts en espèces.

« Le ministre du Fomento n'aura sur eux qu'une surveillance analogue à celle que le Ministère de l'Intérieur exerce sur les fondations de bienfaisance privée, et il se bornera strictement à veiller à l'observation des lois et statuts, et à empêcher que leurs biens ne soient distraits de leur application légitime. »

Art. 3. — « Pour les magasins que les municipalités fonderont dans l'avenir, pour les existants qui peuvent subsister et subsistent, d'après l'article 8, et pour ceux qui, d'après l'article 9, se réorganisent en prenant pour base le reliquat obtenu après vérification, réalisation et liquidation d'anciens magasins, seront obligatoires, au même titre que les autres règles particulières de chacun, les règles suivantes : Premièrement, les excédents dûs sur les prêts de blé ne pourront dépasser deux kilogrammes pour 100 ; et si le grain est pris pour semences, le blé rendu et l'excédent seront en grain de même qualité. — Deuxièmement, les prêts en grain, engrais, argent, etc., ne seront faits qu'aux agriculteurs et dans un but agricole, avec la garantie personnelle d'un répondant. Pourra également jouer le rôle de répondant la personnalité juridique d'un syndicat agricole ou de toute autre association analogue. L'intérêt des prêts ne pourra en aucun cas dépasser 4 pour 100 en espèces. Si le débiteur est insolvable, le répondant en sera personnellement responsable, et il devra rembourser au magasin de blé, aux membres de la commission ou aux administrateurs qui auront accordé le prêt et accepté le répondant. — Troisièmement, la durée maxima des prêts sera d'une année, renouvelable pour une autre année, en admettant toujours la responsabilité d'un répondant. Les membres ou administrateurs qui accorderont la prolongation en prendront la responsabilité solidairement avec ceux qui auront accordé le prêt. — Quatrièmement, en cas de concurrence de demandes, les prêts seront accordés de préférence aux demandeurs payant la moindre contribution pour culture ou pâturage ; en cas d'égalité de contribution, on donnera la préférence aux demandes les moins fortes, et en tout cas les demandes de prêts en nature auront la préférence sur celles en espèces. Tout sollicitant pourra exiger qu'on lui montre la liste des demandes faites et des prêts accordés, et réclamer en cas d'infractions contre l'ordre légitime de préférence. En tout cas les listes de demandes et les demandes accordées devront être exposées chaque mois sur affiches visibles pour tous à l'extérieur de l'édifice où réside l'administration du magasin de blé. — Cinquièmement, pour rendre effectives les responsabilités principales ou secondaires résultant de prêts ou de toute autre opération des magasins de blé, ces derniers auront les mêmes prérogatives et pourront suivre la même procédure que le Domaine public lorsqu'il veut faire le recouvrement de créances au profit de l'État. — Sixièmement, les créances des magasins de blé s'éteignent par prescription au bout de 15 ans, comptés à partir de la promulgation de cette loi et d'après le droit commun. »

Art. 4. — « Tous les magasins de blés considérés dans l'article 2 jouiront des mêmes exemptions d'impôts que les syndicats agricoles. Ils seront en outre exempts de contribution territoriale pour les édifices leur appartenant et destinés de façon permanente à servir de bureaux, greniers, entrepôts et autres services relatifs aux magasins de blé ; mais les autres immeubles que pourraient posséder ces magasins ne jouiront pas de cette exemption. »

Art. 5. — « Dès qu'ils auront accompli deux ans d'existence régulière et légale, les magasins de blé de toutes les catégories mentionnées dans l'article 2 pourront réclamer et obtenir du Domaine l'administration et la jouissance, à leurs frais et profits, des propriétés situées dans les limites de la commune, et saisies par le fisc, conformément aux lois, pour retards dans le payement des contributions, jusqu'à ce que vienne l'occasion de les restituer à leurs propriétaires, ou de livrer aux acquéreurs celles qui auront été aliénées » (1).

Les syndicats agricoles.

A l'article 14 du projet de loi sur les magasins de blé, établi par l'Institut de réformes sociales, il est dit qu'en même temps que cette loi « on en publiera une autre créant des syndicats agricoles et fixant les règles légales des prêts consentis aux sociétés ouvrières fondées sur la base de la mutualité ». Dans l'intention du principal initiateur de ces réformes, la réorganisation des magasins de blé devait coïncider avec le mouvement associationniste ou syndical des classes agricoles,

---

(1) Institut des réformes sociales : *Législation du travail*. Premier appendice, juin 1905, juillet 1906.

afin de donner une base solide à l'action des premiers dans leurs opérations de crédit et de secours à l'agriculture.

Conformément à cette idée, M. Moret, l'initiateur en question, présenta à l'Institut de réformes sociales, le 15 juin 1904, un projet de loi sur les syndicats agricoles, qui fut discuté et approuvé le même jour à l'unanimité de cet Institut, et remis au gouvernement dès le lendemain.

Le projet de M. Moret fut rédigé en tenant compte des lois étrangères sur ce sujet, et aussi du régime juridique régissant les asscciations en Espagne. On n'avait qu'à procéder comme en France, par exemple, lorsqu'on y fit la loi sur les syndicats, à supprimer des difficultés purement apparentes, afin de permettre à un courant de vie et d'opinion de se faire jour par des voies plus faciles. Notre législation commune sur les associations est, semble-t-il, si l'on tient compte de ses bornes, large et tolérante. Ce qu'il fallait dans notre pays c'était, non pas ouvrir une voie déjà ouverte, mais susciter un mouvement de concentration dans les éléments de l'agriculture, dispersés, désagrégés en un atomisme paresseux et stérile, de façon à créer des corporations et associations de laboureurs, propriétaires, colons et journaliers, associations capables de développer le crédit agricole et de favoriser, par un effort collectif organisé, le progrès de la culture. Par là cette loi était, non pas seulement une loi de réglementation juridique des associations, mais surtout une loi d'assistance, de stimulation, et même, en un sens, de faveur. En effet, si nous comparons, par exemple, le régime de la loi française sur les syndicats, grâce auquel a pu se produire le grand mouvement syndical, avec le régime de notre législation générale, ce dernier est encore plus large bien que le syndicalisme agricole espagnol soit pauvre, peu développé, et n'ait qu'une faible force rénovatrice.

Le projet de M. Moret, approuvé par l'Institut entier, définissait les syndicats, déterminait les formalités nécessaires à leur formation en supprimant toute espèce d'obstacles, fixait les divers objets qu'ils pouvaient se proposer, et leur concédait des faveurs et privilèges, en les mettant en relation directe avec l'Institut, dans le but de favoriser leur formation et leur fonctionnement et de faire un tout des manifestations du mouvement syndical.

Voici comment le projet définit le syndicat agricole : « Sont considérés comme syndicats agricoles, pour l'application de cette loi, les associations de personnes adonnées à toutes sortes de professions agricoles ou intéressées directement à l'amélioration des cultures, troupeaux et tous produits de la terre, qu'elles soient formées de propriétaires, fermiers, métayers ou simples journaliers. »

Il convient, en outre, de signaler d'autres dispositions du projet ayant pour but d'encourager et de fortifier les syndicats.

« On accordera un rabais de 25 à 50 0/0 sur les droits de douanes aux engrais, semences, machines et outils importés à l'étranger à la demande des syndicats agricoles et destinés à leur usage direct. Lorsque les syndicats fonderont et soutiendront des institutions d'enseignement agricole et de mutualité, ils pourront solliciter du gouvernement un secours qui pourra atteindre le total de leur budget de dépenses. Dans ce but, on inscrira au budget de l'Etat un article destiné à ces subventions. Les syndicats pourront représenter devant les tribunaux de justice tous ceux de leurs membres qui en feront la demande. Les syndicats agricoles pourront réunir des congrès, constituer des réunions permanentes, et s'entendre avec les chambres agricoles pour la défense de leurs intérêts communs. De ces réunions et ententes il sera donné connaissance aux gouverneurs de provinces. Le gouvernement consultera les syndicats agricoles sur les réformes des traités de commerce et des tarifs douaniers, en tant qu'ils affectent les intérêts que les syndicats représentent, et il pourra les consulter dans la préparation des projets législatifs relatifs aux cultures et aux troupeaux, tout comme dans la rédaction des plans d'enseignement agricole. »

Les relations avec l'Institut de réformes sociales étaient établies ainsi :

« Afin de faciliter la formation des syndicats agricoles, l'Institut de réformes sociales rédigera et publiera, dans un but de diffusion et de propagande, des modèles et statuts à l'usage de ces syndicats. L'Institut de réformes sociales donnera tous les renseignements que lui demanderont les personnes intéressées à la formation de syndicats ou les syndicats eux mêmes, sur la façon de les organiser et sur les meilleurs moyens de leur faire remplir leurs diverses fonctions. Les syndicats agricoles rédigeront chaque année un mémoire de leurs travaux, dont ils enverront une copie à l'Institut de réformes sociales. Ils enverront également à cet Institut une copie de leurs statuts et un rendement de comptes. »

Le projet de loi sur les syndicats agricoles eut le même sort que celui sur les magasins de blé. Le 7 octobre 1904, M. Maura, président du Conseil des ministres, présenta au Sénat un projet inspiré de celui de l'Institut, et disant que cette même loi, la loi générale réglant le droit d'association, et les autres dispositions de droit commun, régi-

raient à l'avenir les syndicats agricoles fondés dans tous les buts
énoncés dans la loi citée. Le Sénat nomma une commission, qui publia
un rapport admettant quelques amendements. Le projet fut approuvé,
puis envoyé le 6 décembre au Congrès. Mais il n'alla pas aux Cortès,
qui venaient d'être dissoutes. Plus tard le ministre du Fomento,
M. le comte de Romanones, présenta au Sénat, le 2 novembre 1905,
un autre projet de loi, qui était la simple « reproduction, comme le
déclare le préambule, du projet rédigé par le gouvernement précédent
et approuvé par le Sénat dans les Cortès antérieures ». C'est ce même
projet qui devint la loi promulguée le 28 janvier 1906.

L'économie générale de la loi est la même que celle du projet de
l'Institut, bien qu'on y ait fait disparaître quelques-unes des dispositions plus accentuées de ce dernier. Il s'agit dans la loi, tout comme
dans le projet, d'encourager et d'aider les syndicats agricoles, en favo-
risant l'organisation sous forme syndicale des institutions de crédit,
coopération, mutualité, assistance, nécessaires non seulement pour
développer l'agriculture espagnole, mais aussi pour qu'elle puisse,
dans la concurrence internationale, se mettre au niveau de l'agriculture
des pays plus avancés.

La loi, conformément à l'esprit progressiste et stimulant du projet
de l'Institut, définit le syndicat en indiquant les objets pour lesquels
il peut se constituer. D'après l'article 1, « seront considérés comme
syndicats agricoles, pour l'effet de cette loi, les associations, sociétés,
communautés et chambres agricoles constituées ou se constituant
légalement pour l'une quelconque des fins suivantes : 1º acquisition
d'outils ou machines agricoles ou d'animaux reproducteurs au profit
du syndicat; 2º acquisition, pour le syndicat ou pour ses membres,
d'engrais, plantes, semences, animaux et autres éléments utiles à la
production et au développement des cultures et des troupeaux ; 3º vente,
exportation, conservation, travail ou amélioration des produits de la
terre et des troupeaux ; 4º défrichement, exploitation et assainissement
de terrains incultes ; 5º construction ou exploitation d'ouvrages appli-
cables à l'agriculture, aux troupeaux et aux industries dérivées ou
auxiliaires; 6º application de remèdes contre les fléaux des champs ;
7º création ou encouragement d'institutions de crédit agricole faisant
directement partie de la même association, ou bien fondant et aidant
des caisses, banques ou entrepôts indépendants de celle-ci, ou bien
servant d'intermédiaires entre ses membres et ces sociétés; 8º institutions de coopération, mutualité, assurance, secours, retraite pour
invalides et vieillards au profit des cultivateurs et des pasteurs;

9° enseignements, publications, expériences, conférences, discussions et autres moyens de répandre les connaissances utiles à l'agriculture et à l'élevage, d'en stimuler les progrès, soit en fondant ou encourageant les Instituts d'enseignement, soit en facilitant l'action de ceux qui existent et leur accès; 10° étude et défense des intérêts agricoles communs aux syndicats et solution de leurs différends par arbitrage.

Est également considérée comme syndicat toute société formée par des associations agricoles pour des fins semblables à celles qui ont été énumérées.

La loi détermine ensuite les formalités exigées pour qu'une association soit considérée comme syndicat agricole et puisse jouir des avantages de la loi. Elle dit, dans son article 2, que, pour former un syndicat agricole, il suffira que la demande, par écrit au gouverneur de la province, en soit faite par les personnes le désirant, au nombre de dix au minimum, ou par une association agricole légalement constituée. A la demande d'autorisation sera jointe une copie des statuts et la liste des personnes formant le syndicat, avec indication des membres du comité directeur et des ressources permettant son fonctionnement. Tout changement fait aux statuts sera communiqué au gouverneur de province. Tous les gouvernements de province auront un registre spécial des syndicats agricoles, d'où l'on tirera les certificats jugés nécessaires.

La partie la plus intéressante de la loi concerne les exemptions d'impôts et les faveurs accordées aux syndicats. En effet, d'après l'article 6 : « Sont exemptées de l'impôt du timbre et des contributions royales toute formation, modification, fusion ou dissolution de syndicats agricoles. Jouiront du même privilège les actes et contrats auxquels participe la personnalité juridique d'un syndicat constitué et enregistré légalement, toutes les fois que leur objet direct sera de réaliser, conformément aux statuts syndicaux, les diverses fins sociales énumérées dans l'article 1 de la présente loi. Les institutions de prévoyance, coopération ou crédit, fondées par des syndicats agricoles dans un but de mutualité, seront soumises à l'impôt pour les seuls bénéfices répartis entre les associés. Les exemptions d'impôts accordées par cet article n'auront pas lieu pour les associations que le ministre du Domaine, après réponse du ministre du Fomento, déclare constituées pour des fins autres que celles qui caractérisent le syndicat agricole, lors même qu'elles prennent les apparences de ce dernier. »

De plus, suivant l'article 7, les droits de douanes, acquittés pour machines, outils, semences et autres éléments des industries agricoles, ou pour animaux reproducteurs choisis pour améliorer les troupeaux, seront restitués, à la demande du syndicat, par le ministre du Domaine, sur déclaration du ministre du Fomento affirmant que ces importations ont un but d'amélioration et d'utilité générale.

D'après l'article 8, le ministre du Fomento facilitera gratuitement, et de préférence aux syndicats, l'usage des animaux reproducteurs choisis pour l'amélioration des races, et celui des semences d'essai, plantes, machines et outils agricoles que l'Etat acquiert et peut appliquer sous cette forme à encourager les industries agricoles. Les syndicats auront également la préférence pour obtenir tous les appuis et moyens officiels pouvant servir à l'extension de l'enseignement agricole.

Enfin, l'article 5 règle les relations entre syndiqués et syndicat sous la forme suivante :

« Les associés formant syndicat agricole pourront en tout temps se retirer, si quelque clause des statuts ne s'y oppose pas, et si cela n'est pas contraire aux obligations et responsabilités par eux contractées, et toujours valables au moment de la séparation.

« Les statuts détermineront les droits que le sociétaire retiré doit conserver dans les associations de prévoyance, secours, retraites et autres analogues, droits acquis en payant ou gratuitement pendant qu'il faisait partie de l'association. Si les statuts ne l'ont pas prévu, il sera entendu que toute rupture individuelle du pacte d'association ne changera rien aux droits et devoirs des associés, lorsque ces associations seront distinctes des syndicats, mais unies ou subordonnées à eux, ou en rapport avec eux. Lorsque ces associations seront constituées sous forme mutuelle à l'intérieur d'un même syndicat, sera exempt de ces obligations tout associé qui se retirera, à moins d'une clause statutaire contraire. »

Comme on le voit, il s'agit d'une loi de faveur, d'encouragement, de stimulation. Le législateur, nous l'avons indiqué, veut encourager le mouvement de concentration des forces agricoles, pour favoriser la création et la vie d'institutions de crédit agricole, de coopération pour l'achat des engrais, semences, animaux, etc., etc., et aussi d'institutions de défense des intérêts de l'agriculture (1).

---

(1) V. *Législation du travail*, appendice cité.

Loi sur les exemptions de saisies des salaires.

La troisième des lois citées, relative aux *exemptions de saisies de salaires*, a dès ses débuts une histoire d'un certain intérêt. Il est rare en Espagne que les pétitions de réformes des lois aient une issue, surtout une issue prompte et complète, car elles suivent tous les détours d'une élaboration minutieuse et légale. La loi en question, promulguée depuis peu, le 12 juillet 1906, a son point de départ dans une pétition ouvrière, examinée par l'Institut de réformes sociales, lequel soumit un projet de loi au gouvernement, qui l'accepta avec quelques additions et le présenta aux Cortès, où il fut discuté, développé et approuvé, après quoi la Couronne le sanctionna comme loi du pays.

Les ouvriers à qui l'on doit l'initiative de l'importante réforme du code civil en matière d'exemption de saisies de salaires sont ceux des ateliers de la marine du Ferrol. Ils adressèrent aux Cortès et à l'Institut un exposé motivé demandant qu'on réformât les articles de la loi citée de façon à exempter de la saisie un minimum déterminé du salaire ouvrier. Ils fondaient leur pétition sur le caractère propre du salaire, ressource unique sur laquelle compte ordinairement le travailleur, lequel est condamné à la faim quand on l'en prive, même partiellement. Ils se fondaient aussi sur la nécessité de défendre l'ouvrier contre les manœuvres de l'usure, ainsi que sur les lois étrangères. En effet, indépendamment des nombreuses raisons qu'il est facile d'apporter en faveur de la réclamation des ouvriers du Ferrol, il existe différentes lois étrangères garantissant l'intangibilité des salaires dans une proportion donnée. Par exemple la loi française du 12 janvier 1895, citée par les ouvriers du Ferrol, la loi anglaise du 14 juillet 1870, les lois allemandes du 21 juin 1869 et du 29 mars 1897, la loi belge du 18 avril 1887, la loi suisse du 11 avril 1889, les lois autrichiennes du 25 avril 1873 et du 26 mai 1888, la loi hongroise du 1er juin 1881, etc., etc.

La pétition ouvrière fut examinée par les sections technique et juridique (1) de l'Institut de réformes sociales, lesquelles proposèrent à l'ensemble de cette assemblée, après exposé de l'état actuel des choses, la réforme des articles cités plus haut du code civil. Et l'Institut, après

---

1) V. *Bulletin de l'Institut des réformes sociales*, juillet et août 1905.

examen de l'étude faite par ses deux sections, consentit le 5 avril 1905 à proposer au gouvernement le projet de loi suivant :

Article 1er. — Le paragraphe 1er de l'art. 1449 du code civil sera rédigé en ces termes :

« On ne saisira jamais le lit du débiteur, de sa femme et de ses enfants, le linge et les habits nécessaires à leur usage, non plus que les outils et objets nécessaires au métier du premier, non plus que le salaire qui n'excède pas deux pesetas par jour. »

Art. 2. — L'art. 1451 du code civil s'augmentera du paragraphe suivant :

« Quand il s'agira de salaires dépassant deux pesetas par jour, on ne pourra en saisir que le cinquième. »

Art. 3. — L'art. 1452 du même code sera rédigé en ces termes :

« Seront sans valeur les contrats où le débiteur s'oblige à payer, sur ses appointements, pensions ou salaires, plus que n'indiquent les articles ci-dessus. »

Le gouvernement ne tarda guère à s'occuper de la proposition précédente, qu'il fit sienne dans le projet de loi présenté au Congrès le 22 janvier 1906, en ajoutant à la rédaction de l'Institut trois articles, destinés à développer et assurer les effets cherchés. Ces articles sont les suivants :

Art. 4. — La référence de l'art. 528 du code criminel à l'art. 1449 du code civil sera considérée comme s'étendant aussi à la modification introduite dans ce dernier par l'art. 1er de cette loi.

Art. 5. — L'addition faite dans l'art. 2 de cette loi sera également applicable à l'art. 610 du code criminel.

Art. 6. — L'exemption partielle ou totale de saisie, indiquée dans la présente loi, sera considérée comme incluse dans les articles 68 et 69 de l'instruction du 26 avril 1900, et dans toute autre disposition appliquée, dans la procédure contre débiteurs par l'administration du domaine de l'État, des provinces et des communes.

Dès que le Congrès eût nommé une commission, elle fit une étude prolongée du projet et rédigea l'article 2 dans les termes suivants :

« Art. 2. — L'art. 1451 du code en question s'augmentera des paragraphes suivants :

« Lorsqu'il sera requis contre les salaires dépassant deux pesetas par jour, on ne pourra saisir que le sixième, s'ils ne dépassent pas 5 pesetas, le cinquième pour les salaires de 5 à 7 pesetas, le quart de 7 à dix, et le tiers au dessus de dix pesetas.

« En aucun cas la partie du salaire exempte de saisie ne pourra être réduite à une somme inférieure à deux pesetas. »

Le rapport de la commission fut approuvé par le Congrès et remis au Sénat le 12 février 1906.

Le projet fut aussi l'objet d'une étude minutieuse par le Sénat, dont la commission fit deux rapports successifs. Dans le premier on se borna à modifier le minimum insaisissable des salaires ; dans le second, à la suite de la discussion faite à la Chambre, on élargit la sphère d'action sociale de la future loi, en étendant aux salaires, payes quotidiennes, appointements, rétributions et autres équivalents tous les effets de l'exemption de saisies ; on y comprit comme instruments nécessaires au métier du travailleur « les animaux de travail, ne dépassant pas deux, et les outils de travail nécessaires à l'ouvrage personnel du débiteur » ; on modifia et précisa l'échelle des minima insaisissables, etc., etc.

Le Sénat vota et approuva le 14 mars 1906 le projet de loi, qui, après avoir été approuvé sous sa nouvelle rédaction par le Congrès, fut promulgué comme loi le 12 juillet de la même année. En voici, pour terminer, le texte définitif :

Article 1. — Le paragraphe 1er de l'art. 1449 du code civil sera rédigé en ces termes : « Seront toujours insaisissables le lit quotidien du débiteur, de sa femme et de ses enfants, les effets nécessaires à leur usage, les instruments nécessaires au métier ou au travail du premier, et aussi les salaires, payes quotidiennes, appointements, pensions ou rétributions ou leurs équivalents, ne dépassant pas 2 pesetas 50 centimes par jour. »

Art. 2. — L'article 1451 du même code sera rédigé de la façon suivante : « Lorsqu'on voudra saisir salaires, payes journalières, soldes ou rétributions supérieures à deux pesetas 50 centimes, la partie intangible ne pourra en aucun cas et pour aucun motif être inférieure aux dits 2 pesetas 50 centimes ; sur les salaires, soldes, pensions, payes journalières ou rétributions supérieures à cette somme, on ne pourra saisir que le cinquième, s'ils ne dépassent pas 2.500 pesetas par an, le tiers sur 5.000, et la moitié au dessus. En percevant par jours, semaines, quinzaines ou mois, on évaluera la somme à verser par le multiple correspondant aux annualités indiquées. Si ces salaires, payes journalières, soldes ou pensions se trouvaient grevées de décomptes permanents ou passagers, comme impôts, arbitrages, contributions ou charges publiques, la somme liquide que, déduction faite de ces charges, touchera le débiteur, sera celle qui sert de

2

type pour régler la saisie, comme on l'a établi dans le paragraphe précédent. »

Art. 3. — L'art. 1452 du même code sera rédigé ainsi : « Quelles que soient les conventions particulières du débiteur avec ses créanciers, lorsqu'on procédera judiciairement contre les soldes, pensions, payes journalières, salaires ou rétributions, dont il jouit, on ne pourra saisir au-dessus de la proportion établie dans l'article précédent, puisqu'il doit rester toujours un minimum intangible. Cette disposition est aussi applicable aux cas d'obligations résultant d'accords verbaux, transactions, actes de conciliation, ou de toute autre forme externe juridique supposant consentement direct ou indirect, par expresse déclaration ou omission d'actes, actions, exceptions, poursuites ou marches régulières. »

Art. 4. — La référence à l'art. 1449 du code civil contenue dans l'article 598 du code criminel, sera aussi considérée comme s'étendant à la modification qu'introduit dans celui-là le premier article de cette loi.

Art. 5. — L'addition contenue dans l'article 2 de cette loi sera étendue à l'article 610 du code criminel.

Art. 6. — L'exemption partielle ou totale de saisie édictée par la présente loi sera regardée comme incluse dans les articles 68 et 69 de l'instruction du 26 avril 1900, et en toute autre disposition appliquée dans la procédure contre débiteurs par l'administration du Domaine de l'État, des provinces et des communes.

Art. 7. — Restent subsistantes, pour les cas spéciaux auxquels elles se rapportent, les lois du 25 avril et du 5 juin 1905 sur les retenues et saisies.

II

Préparation du droit ouvrier.

La réforme sociale ouvrière en Espagne a des éléments qui, sans être arrivés à s'incorporer au droit positif, se sont pourtant condensés en formules pouvant devenir officielles, et ont pris la forme de projets de loi organisés. Ils ne sont pas tous arrivés au même degré d'élaboration législative, chose parfaitement explicable, car cela serait empêché par les conditions mêmes dans lesquelles s'élabore nécessairement le nouveau droit ouvrier, dont le caractère est essentiellement tutélaire et toujours de faveur, si on le considère au point de vue des principes traditionnels de la vie juridique positive, et si l'on tient compte qu'il ne cherche à s'adapter que de façon fragmentaire aux exigences nouvelles et mal définies de la vie du travail.

On procède ici, comme on ne pouvait s'empêcher de le faire, sous l'action de stimulants très différents. Tantôt on agit sous l'influence passagère, plus ou moins péremptoire, d'événements alarmants, graves, qui mettent sur le tapis des problèmes difficiles, comme par exemple celui des grèves, qui montrent que les faibles et les opprimés peuvent, lorsqu'ils s'organisent, constituer une puissance politique ou sociale que le droit ne doit point ignorer en réglant les relations de la vie nationale. Tantôt la réforme répond à une action réfléchie et plus calme résultant de ce qu'on entrevoit que la vie du travail s'éteint lorsque manque ce minimum de justice indispensable même dans les formules cristallisées du droit positif. C'est le cas, par exemple, lorsqu'on veut résoudre le problème difficile du contrat de travail, ou celui de la coopération, ou celui de l'apprentissage, ou celui des retraites ouvrières, en les embrassant, autant que possible, dans leur intégralité juridique.

C'est ainsi que va s'élaborant ce droit ouvrier par retouches successives et par fragments. Mais, en vérité, les choses ne s'arrangent pas de façon qu'on puisse saisir, même théoriquement, à la lumière d'un critérium unique, tout l'aspect juridique de la vie du travail, et régler en droit et en justice ses multiples manifestations et relations, comme on le fait, bien ou mal, pour le droit pénal ou commercial, lorsqu'on en tente une réforme intégrale.

Si l'on considère le labeur officiel, c'est-à-dire celui qui manifeste l'intervention réfléchie de l'État, dans la réforme sociale ouvrière, l'on pourra remarquer les projets suivants de lois soumis à l'examen des Cortès : 1º le projet de loi sur les grèves ; 2º un autre créant des conseils de conciliation et d'arbitrage ; 3º un autre établissant des tribunaux industriels ; 4ª un autre sur le contrat d'apprentissage (provenant de l'ancienne Commission de réformes sociales) ; 5º un autre sur le contrat de travail ; 6º un autre sur la création d'un Institut national de prévoyance ; et 7º un autre proposant la réforme de l'article 9 de de la loi sur les femmes et les enfants.

Les trois projets de lois sur les grèves, conseils de conciliation et tribunaux industriels, ont déjà une histoire relativement longue. S'ils deviennent un jour des lois sanctionnées et promulguées, il sera impossible de dire que le législateur espagnol a procédé précipitamment et sans réflexion. En tout cas, le temps pour étudier, sinon pour faire avancer et pour résoudre les problèmes traités dans ces projets, n'a pas fait défaut.

Voyons en quelques mots les antécédents de chacun :

On peut admettre que l'initiative du projet de loi sur les grèves revient à la Commission de réformes sociales. En 1901 M. le Ministre de l'Intérieur consulta deux fois cette commission sur la nécessité de réformer l'article 556 du code pénal et sur l'intervention de l'État, réglée par législation, dans les cas où les ligues ouvrières, par leur généralité et leur extension, finiraient par produire des perturbations sociales. La Commission chargea une sous-commission du soin de répondre à ces deux questions, et le 26 juin 1901 fut présenté un projet de loi sur les ligues et les grèves. Après discussion du projet, le 28 juin la Commission soumit au Ministre de l'Intérieur son projet, tiré de celui de la sous-commission. Le 29 octobre 1901 fut présenté au Congrès par M. le ministre Gonzalez un projet de loi sur les ligues et grèves, qui ne fut pas soumis à l'approbation et qui fut représenté sans résultat le 5 avril 1902. Le 27 octobre 1903, M. Garcia Alix, ministre de l'Intérieur, après élection d'autres Cortès, présenta au Sénat un nouveau projet de loi sur le même sujet. On fit dessus une enquête publique, on le discuta et on l'approuva, puis on le soumit au Congrès des députés, qui le rejeta ; enfin, le 27 janvier 1906 il fut présenté une autre fois au Sénat des Cortès actuelles. Nous en reparlerons par la suite.

Les projets de loi sur les conseils de conciliation et les tribunaux industriels ont leur origine au même moment, car ils sont contenus dans le même document. Déjà en 1883 l'on avait chargé la Commission de réformes sociales d'étudier et de préparer l'établissement et l'organisation de jurys mixtes. En 1891 la Commission rédigea les bases d'un projet de loi sur les jurys en question, et deux de ses membres, MM. Balaciart et Castells, lui présentèrent deux projets qu'ils avaient établis. Le 18 juin 1893 la Commission approuva le premier projet de loi établissant en Espagne les jurys mixtes. En 1901 la même Commission se remit à étudier cette question et, tenant compte de sa complexité croissante dans la réalité, y distingua les conflits et différends, entre patrons et ouvriers, résultant de publication, modification ou exécution du contrat de louage de travaux et services, et les procès pouvant surgir à propos de l'exécution du contrat de travail et d'apprentissage, et à propos de l'application de la loi sur les accidents. On proposa par suite deux projets de lois : l'un relatif aux conseils de

conciliation chargés d'entendre les conflits sociaux, et l'autre établissant des tribunaux industriels chargés de résoudre les procès. Le
gouvernement admit la proposition de la Commission, et le 4 février 1902 présenta aux Cortès, au Congrès des députés, un projet de
loi sur les conseils de conciliation, présenté une seconde fois le 5 avril
et non adopté comme loi. Le 27 octobre 1903 un projet analogue fut
présenté sans plus de résultat, et enfin le 27 janvier dernier le même
projet fut représenté aux Cortès actuelles. Le projet de loi séparé sur
les tribunaux industriels eut le même sort. Il fut présenté sans succès
aux Cortès en octobre 1903, et plus récemment, le 27 janvier 1905, il
fut encore soumis au Congrès des députés (1).

Après avoir exposé ces antécédents, voyons maintenant la situation
parlementaire actuelle de chacun des trois projets indiqués, en com-
mençant par le projet relatif aux grèves et ligues.

Les grèves.

Le projet de loi présenté par le ministre de l'Intérieur sur les grèves
et coalitions le 27 janvier 1906, reproduit le projet approuvé par le Sénat
dans la précédente législature. « On a jugé convenable — dit le ministre
dans le préambule du projet sur les conseils de conciliation — de
reproduire, sur les ligues et grèves, ce qui a déjà obtenu l'approbation
du Sénat ».

Le projet du ministre comprend neuf articles. Il reconnaît et consacre
le droit de coalition chez les patrons et les ouvriers « pour la défense de
leurs intérêts respectifs dans leurs relations mutuelles », et il ajoute
en outre qu' « ils pourront aussi se déclarer en grève ou décréter le
lock-out, si cela n'est pas contraire aux droits résultant des contrats
établis conformément aux lois ». Il détermine ensuite les cas où la grève
ou le lock-out ont été imposés par contrainte punissable ; puis il
indique les grèves devant être annoncées aux autorités dix jours
à l'avance ; il rappelle la loi sur les réunions publiques à propos des
réunions faites pour préparer, soutenir ou empêcher une grève, etc.,
et il déclare abrogés « l'article 556 du code pénal et toutes les autres
dispositions contraires à ce qui est, dit-il, établi par la présente
loi ».

---

(1) Voy. Institut de réformes sociales. *Législation du travail* et *Premier
appendice* à celle-ci.

Dès qu'elle fut constituée, la commission sénatoriale chargée d'examiner le projet fit, le 23 février, un rapport conforme à la proposition du ministre, tout en y introduisant quelques changements intéressants.

La commission chargée du rapport sur le projet de loi sur les grèves et coalitions — ditle préambule — reproduit presque intégralement la proposition ministérielle elle-même, copie exacte du texte approuvé par le Sénat dans les dernières Cortès, avec intervention des représentants de tous les partis. Elle estime cependant que les dispositions du projet, notablement vivifiées par un esprit large et harmonique, auront une plus grande efficacité si on éclaire et complète quelques-uns de leurs termes.

Répondant à ce but, la commission refond en un seul les deux paragraphes constituant l'article 1er du projet, afin d'exclure de cette loi toute grève ou lock-out qui ne se rapportent pas aux relations entre patrons et ouvriers et à la défense de leurs intérêts respectifs.

Le rapport comprend ensuite deux nouveaux articles, destinés le premier à préciser les personnes qui doivent être considérées comme chefs ou promoteurs d'une grève dans les cas où la loi les rend personnellement responsables du délit collectif et les punit plus sévèrement, et le second à réparer l'injustice qu'il y a à appliquer la même peine au meneur responsable, par ses excitations et suggestions, du délit contre la liberté du travail, et à celui qui n'a servi que d'exécuteur. »

Les deux articles rappelés dans ce dernier paragraphe sont les suivants :

L'article 5, d'après lequel seront considérés comme chefs ou meneurs d'une grève, pour tous les effets de cette loi et de celles de conciliation et d'arbitrage, les personnes qui, exerçant une charge dans une association ou dans une corporation, ou en faisant partie, auront fomenté une grève ; celles qui par leurs discours ou leurs écrits y auront poussé les ouvriers ; et celles qui représentant ou non toute une collectivité auront proclamé ou notifié la grève.

Et l'article 6, qui établit que les auteurs de certains délits compris dans les articles 2, 3 et 4 de cette loi, ou qui auront poussé d'autres personnes à commettre lesdits délits, seront punis de la peine maxima, et les simples exécuteurs seulement de la peine minima, toutes les fois que ce rôle d'agent agitateur sera prouvé.

Le préambule ajoute ensuite :

« La commission entend en dernier lieu que, limité à l'article 5 du projet, le droit à la grève sans avis préalable, et affectant l'un des grands services publics, soit assimilé, pour des raisons identiques, au cas où, par suite de grève ou cessation de travail, le marché d'un centre urbain vient à être absolument privé de quelque article d'usage général et nécessaire. L'article 8 du rapport répond à cette idée, et la suppression dans l'article 7 du second terme du numéro 2 de l'article 5 du projet répond à ce que l'on considère ce terme comme compris dans l'idée générale d'*assistance* contenue dans le premier terme.

L'article 8 proposé par la Commission est ainsi conçu :

« Les grèves seront annoncées aux autorités cinq jours à l'avance lorsqu'il pourra en résulter que tous les habitants d'une localité soient privés de quelque article de consommation générale et nécessaire. »

Le projet de loi sur les grèves n'est pas encore sorti de l'état indiqué par le rapport de la Commission, car il n'a pas été approuvé au moment où j'écris ces lignes.

Les conseils de conciliation.

Les projets de loi sur les conseils de conciliation et sur les tribunaux industriels ont été présentés au Congrès par M. le eomte de Romanones, ministre de l'intérieur, le 27 janvier 1906, avec un préambule semblable, comme nous l'avons vu, à celui des grèves.

Dans ce document le ministre se borne à rappeler l'enchaînement des projets.

« Lorsque, dit-il, en 1903, mon digne prédécesseur dans ce ministère a présenté aux Cortès les projets de loi sur les conseils de conciliation et les tribunaux industriels, projets que je reproduis ici, il a justifié leur opportunité et expliqué leur but par les indications contenues dans leur préambule, lequel peut être considéré comme également reproduit, de même que les dispositions.

« Il y a aujourd'hui peu à ajouter à ces raisonnements, car pour ce qui est de la nécessité d'édicter des mesures légales sur cette matière, le temps écoulé peut seul montrer leur utilité, admise chaque fois de plus en plus unanimement, pour la solution des problèmes sociaux. »

Le projet de loi sur les conseils de conciliation commence par établir et définir leur fonction en ces termes :

« Des conseils permanents de conciliation sont établis pour prévenir et chercher à résoudre les différends entre patrons et ouvriers se produisant dans la rédaction ou l'exécution des contrats de louage de travaux et services. »

Sont ensuite formulées les règles donnant la composition et le fonctionnement de ces conseils. Le conseil de conciliation sera composé d'un nombre égal de patrons et d'ouvriers. Dans les districts judiciaires où existent des tribunaux industriels conformes à la loi de ce même nom, le corps de jurés établi par l'article 11 de ladite loi formera le conseil de conciliation du district.

Le conseil pourra se diviser en sections mixtes, qui auront à examiner les différends qui leur seront soumis par l'ensemble du conseil. Le nombre de jurés formant ces sections sera déterminé par le conseil entier. Le conseil entier et ses sections pourront fonctionner dans le chef-lieu du district ou dans les localités où surgiront les différends, suivant qu'on le jugera convenable d'après les circonstances de chaque cas.

Dans les districts ne possédant pas de tribunal industriel, le conseil de conciliation sera constitué par les Juntes locales créées par l'article 7 de la loi du 13 mars 1900 sur le « travail des femmes et des enfants », et organisées par l'ordonnance royale du 9 juin de la même année. Ces Juntes examineront les différends qui pourront surgir dans leurs juridictions municipales respectives, et elles pourront fonctionner dans leur ensemble ou par sections, suivant les dispositions des articles précédents.

Au cas de préparation ou de déclaration de grève, sous prétexte de rédaction, modification ou exécution d'un contrat de louage de travaux et services, les autorités administratives locales, le ou les patrons et les ouvriers intéressés en donneront connaissance, par écrit sur papier ordinaire, au président du conseil de conciliation. L'écrit du patron et celui des ouvriers exposeront succinctement et sans commentaires leurs prétentions respectives. Le président du conseil de conciliation convoquera immédiatement le conseil entier ou la section désignée pour ces cas. Le conseil ou la section se réuniront aussitôt que possible, nommeront un président et un secrétaire tirés de leur sein, et décideront s'il convient d'aller sur les lieux ou bien de citer les parties là où siège officiellement le conseil. Ce dernier proposera des conditions de conciliation, en s'efforçant auparavant d'obtenir des parties que les patrons n'arrêtent pas le travail, et que les ouvriers ne l'abandonnent pas, pendant que l'on préparera la conciliation. Si le conseil ne peut obtenir d'accord, il proposera aux parties de désigner des personnes pleinement autorisées à traiter au nom des premières. Les parties, d'un commun accord, pourront désigner une seule personne. Ce mandat pourra être confié à tout Espagnol arrivé à l'âge légal pour ce faire, quel que soit son sexe. S'il s'agit d'une femme mariée, elle acceptera le mandat avec autorisation verbale de son mari, dans le cas où elle ne serait pas déjà autorisée à exercer un commerce. Le mandat pourra également être confié au conseil entier, à ses sections ou à ses membres isolés. Si les parties ne comparaissent pas et s'il n'y a pas accord, on le fera constater, et l'on ne fera plus d'enquêtes, à moins de demande des deux parties, consignée en un écrit unique. Si le conseil le juge utile, il pourra consigner en un acte son opinion sur le cas et le publier d'office. Les parties pourront obtenir une copie des actes et la publier intégralement, et non par extraits et partiellement. Les parties et leurs mandataires consigneront par écrit la convention définitive et la déposeront au conseil. Les copies autorisées par le secrétaire, avec visa du président, auront valeur de document public.

Finalement le projet déclare que les membres du conseil de conciliation pendant l'exercice de leurs fonctions sont considérées comme autorités publiques. Après qu'on eut désigné le commission chargée d'étudier le projet du ministre et d'en faire un rapport, elle présenta les résultats de son enquête au Congrès le 22 février de cette année. Le rapport de la commission, bien que respectant le projet dans ses lignes générales, le modifie essentiellement, en le convertissant, de simple projet de loi sur les conseils de conciliation, en projet de loi sur les conseils de conciliation et d'arbitrage industriel. En tête du rapport est un préambule qui explique les termes des réformes introduites dans le projet ministériel.

« La commission nommée, est-il dit, pour faire un rapport sur le projet de loi que le gouvernement nomme loi sur les conciliations propose en premier lieu que l'énoncé de la future loi contienne une référence à l'institution d'arbitrage industriel, également réglementée dans ses articles. Le présent rapport s'adapte dans ses lignes générales aux lignes du projet. La conciliation n'est pas obligatoire, et lors même qu'elles y ont recouru, les parties ont le droit de rejeter toute formule d'accord donnée par elle. Si les bons offices du conseil échouent, on essayera, après consentement préalable des intéressés, l'arbitrage, plus capable que la conciliation de résoudre ces différends, qui résultent, non pas de marchandages, mais d'affirmations et négations. Enfin la mission de conciliation est confiée par le rapport aux mêmes personnes et sociétés déjà désignées dans le projet.

« Une seule des réformes proposées altère essentiellement l'esprit de

l'initiative ministérielle, et c'est celle qui supprime la limite que
l'article 1 fixe à la compétence des conseils de conciliation. D'après
leurs auteurs mêmes, des lois, comme la loi actuelle et toutes les lois
sociales, visant l'avenir, doivent renoncer à la tâche difficile et dan-
gereuse de définir en formules concrètes la multiplicité changeante,
vaste et complexe des causes qui engendrent les conflits entre capitalistes et travailleurs. A toutes ces lois, à celles que nous connaissons
aujourd'hui et à celles que nous ne faisons qu'entrevoir, peuvent
et doivent s'appliquer avec fruit les dispositions de cette loi, dispositions qui visent, non pas à supprimer ces causes, mais à remédier
dans la mesure possible à leurs effets.

« La commission aurait voulu compléter les articles relatifs à l'arbitrage, en cherchant (au moyen d'un dépôt préalable exigé des parties
en litige, ou par quelque autre moyen) à assurer l'exécution de la
sentence d'arbitrage. Mais, pour des raisons d'opportunité, elle a
renoncé à ce dessein, persuadée que, lorsque l'état des mœurs y pous-
sera, l'on adoptera les lois donnant une réforme sociale aussi utile.

« Enfin la commission complète certaines parties du projet, en con-
fiant au corps électoral la faculté d'établir des conseils permanents
de conciliation, en sanctionnant par une amende l'obligation de com-
muniquer au président de la Junte locale la préparation ou la proclamation d'une grève, en étendant au lock-out patronal toutes les dispositions appliquées à la grève ouvrière, et en ordonnant finalement
que les présidents des Juntes locales informent chaque année l'Institut
de réformes sociales sur l'application et les résultats de cette loi et de
la loi sur les tribunaux industriels. »

Dans le rapport on remarque, entre autres, les indications suivantes,
nettement exprimées. En premier lieu, la conciliation doit débuter
de la façon suivante :

Lorsqu'on prépare une grève, et vingt-quatre heures au moins avant
qu'elle éclate, les ouvriers qui y prennent part la feront connaître au
président de la Junte locale de réformes sociales, par écrit fait en
double et sur papier ordinaire, en exposant brièvement les prétentions
motivant la grève, ainsi que le nom et le domicile du ou des patrons
qu'elle touche. Lorsqu'un ou plusieurs patrons auront décidé l'arrêt
de leurs industries ou exploitations respectives ou d'une partie consi-
dérable de celles-ci, ils en avertiront une semaine à l'avance le président de la Junte locale de réformes sociales, par écrit fait en double
et sur papier ordinaire, en expliquant brièvement les causes de cet
arrêt, l'endroit où sont situés leurs établissements, fabriques, mines

ou ateliers, et le nombre d'ouvriers que l'arrêt du travail va laisser inoccupés.

L'arbitrage est fait par le conseil, après avis préalable aux parties. Le conseil, est-il dit, rédigera le compromis en présence des parties, avec leur approbation et leur signature, et il indiquera aux arbitres le délai accordé pour le publier. Le ou les arbitres décideront en cas de contestation sur le sens des termes du compromis écrit, et toutes les fois que la nature de l'affaire l'exigera ils détermineront les conditions nécessaires pour que l'entente soit regardée comme accomplie, ou le temps pendant lequel elle sera exécutoire. Si l'une des parties ou toutes deux ne comparaissent pas, ou ne peuvent arriver à une conciliation ou à un compromis par arbitres, ou si après y être arrivées pour un temps, elles continuent ensuite la grève ou le lock-out, le conseil reconvoquera d'office les intéressés lorsqu'il le jugera opportun, en procédant conformément aux dispositions des articles précédents.

Si la conciliation ou l'arbitrage échouent cette seconde fois encore, pour une raison quelconque, on laissera les choses en état, et l'on ne tentera plus rien par la suite, à moins de demande écrite unique, signée des deux parties.

Dès sa présentation au Congrès, le rapport y fut discuté et approuvé avec l'addition suivante : « Les conseils de conciliation ou jurys mixtes établis sur le territoire de villes ou de localités déterminées, par réglements présentés et enregistrés dans les gouvernements civils respectifs, et ayant fonctionné antérieurement à la promulgation de cette loi, seront respectés dans leur organisation et leurs fonctions, et on leur reconnaîtra les prérogatives que cette loi accorde, après approbation préalable du gouvernement. »

Tribunaux industriels. Jurys mixtes.

Nous avons déjà indiqué comment et quand le projet de loi sur les tribunaux industriels fut présenté au Congrès. Ce projet comprend 34 articles groupés en sept sections, lesquelles traitent successivement de la compétence du tribunal industriel, des capacités requises pour la charge de juré, du système d'élection, du contentieux, de la cassation et des dispositions générales.

La compétence des tribunaux industriels est réglée de la façon suivante :

« En dehors des cas de soumission expresse ou tacite aux tribunaux ordinaires et des cas de compromis par arbitres ou par concilia-
teurs amiables, le tribunal industriel sera compétent dans les cas
suivants : 1° différends entre patrons et ouvriers sur l'exécution des
contrats de louage d'ouvrages et services; 2° différends sur l'exécution
des contrats d'apprentissage; 3° différends sur l'application de la loi
sur les accidents du travail, soumis provisoirement jusqu'ici à la juridiction des juges de première instance. Pour l'application du présent
article, on entendra par contrats les accords confirmés par écrit, les
obligations convenues ou acceptées entre parties, les stipulations ver-
bales, et lorsque tout ceci fera défaut, les us et coutumes de chaque
localité dans chaque espèce de travail. »

La constitution du tribunal industriel est réglée en ces termes :

« Le tribunal industriel sera constitué au chef-lieu de district judiciaire, et sa juridiction s'étendra à tout le territoire du district. Le
tribunal comprendra le juge de première instance, président, trois
jurés et un suppléant patrons, désignés par les plaideurs ouvriers,
et trois jurés et un suppléant ouvriers, désignés par les plaideurs
patrons. »

Pour exercer la charge de juré, il faudra être Espagnol, âgé de plus
de trente ans, savoir lire et écrire, et être patron ou ouvrier.

Le projet détermine divers cas d'incapacité et, après avoir établi
les électeurs des jurés, dit que le corps de jurés du district sera formé
des quinze patrons et des quinze ouvriers qui auront obtenu le plus
grand nombre de votes.

Faute d'espace nous ne reproduisons pas les dispositions relatives à
la procédure contentieuse. Nous nous bornerons à indiquer que le
recours en cassation est admis dans la forme et dans le fond.

Il y aura lieu, est-il dit, à recours en cassation dans la forme :
1° lorsqu'on aura condamné un mineur ou tout autre individu privé
de capacité et non assisté de la représentation légale obligatoire;
2° lorsqu'on aura contesté une preuve valable; 3° lorsque le verdict
aura été proclamé par un nombre de jurés inférieur à six, ou lorsque
ces jurés n'auront pas été trois patrons et trois ouvriers; 4° lorsqu'on
aura prononcé l'arrêt sans avoir répondu à une question préalable.
Le recours en cassation pour le fond aura lieu dans les cas établis par
le code civil.

Enfin, les dispositions générales du projet attribuent diverses fonctions au corps de jurés.

« Le corps de jurés, lit-on, élira un président choisi parmi ses membres, et se divisera en sections mixtes, composées au moins d'un patron et d'un ouvrier, lesquels auront le droit d'inspecter les fabriques, ateliers et établissements de travail compris dans chaque district municipal soumis à la juridiction du tribunal industriel. Le corps de jurés et ses sections auront les attributions suivantes : a) veiller à ce que les centres de travail réalisent les conditions de salubrité et d'hygiène; b) établir les statistiques du travail; c) veiller à l'observation des lois relatives au travail, particulièrement là où sont réunis des ouvriers des deux sexes, afin qu'on observe une discipline qui évite toute atteinte à la morale et aux bonnes mœurs. »

La commission du congrès fit, le 25 février dernier, un rapport sur le projet du gouvernement, en y introduisant des modifications essentielles. Le rapport comprend 36 articles, groupés en quatre sections, dans l'ordre suivant : organisation, constitution et compétence du tribunal, mode d'élection, procédure contentieuse. Le bref mais intéressant préambule du rapport explique avec concision les modifications introduites dans le projet. En voici les termes :

« La commission nommée pour faire un rapport sur le projet de loi sur les tribunaux industriels admet, avec le ministre qui l'a signé, qu'il est d'une grande importance sociale, pour activer la réforme de nos lois (réforme réclamée depuis des années par le développement croissant de la vie industrielle espagnole, source de si grands bénéfices pour la nation, mais cause de conflits entre capitalistes et travailleurs), que ces conflits ne soient pas résolus par les formules comprises dans les limites étroites du droit civil classique traditionnel et de la procédure contemporaine de celui-ci.

La commission reconnait l'autorité et le prestige dûs aux travailleurs de l'antique commission de réformes sociales, initiatrice du projet; mais, stimulée par l'esprit qui inspire cette docte assemblée, elle pense améliorer le projet en y introduisant, en plus des modifications de détail qui n'ont pas besoin d'explications, d'autres modifications essentielles exposées brièvement dans ce préambule avec les raisons sur lesquelles s'est appuyée la commission.

« Le droit de suffrage actif et passif s'élargit jusqu'à atteindre les limites en dehors desquelles l'institution à laquelle répond la loi est dénaturée, car le caractère démocratique de cette réforme fait qu'elle sera d'autant plus solide que la base sur laquelle elle repose sera plus large.

Evitant l'effet niveleur de la centralisation qui stérilise tant d'initiatives fécondes, la commission, dans l'article 213 de son rapport, concède aux électeurs patrons et ouvriers la pleine liberté de rédiger le réglement électoral par lequel ils veulent être régis, et établit comme garantie, dans l'article 14, le règlement que l'on devra appliquer si l'unanimité n'est pas atteinte, persuadée qu'elle sauvegarde ainsi le droit du corps électoral et celui des minorités.

La commission a exempté les jurés des fonctions d'inspection et de statistique, que leur attribuaient les articles 32 et 33 du projet, estimant que le problème de l'inspection industrielle exige une étude particulière et attentive, et que le joindre à celui qui nous occupe maintenant nous expose à les résoudre mal tous deux.

Une dernière réforme, la plus essentielle de toutes celles du rapport, reste à examiner. La commission a voulu que les jurés industriels ne se limitent pas au rôle d'experts à éclairer les juges, en précisant les questions de fait, mais qu'ils collaborent aux arrêts du tribunal, en adoucissant par un esprit d'équité, dans la jurisprudence du droit industriel naissant, les sentences parfois sévères du droit civil écrit. La séparation doctrinale du droit et du fait juridique subsistera toujours en pratique. Mais, en même temps que le juge éclairera par sa compétence spéciale l'ignorance des jurés sur les points de droit, ces derniers à leur tour pourront corriger, par l'autorité et la clairvoyance, que peuvent seules donner l'expérience de la vie industrielle et les connaissances techniques qu'elle procure, la raideur dogmatique du juge, toujours légitime et explicable, mais parfois exagérée.

Par là le recours en cassation de fond, proposé par le projet, est remplacé dans le rapport par le recours en appel devant un jury nouveau et plus nombreux, et l'on propose que les arrêts soient rendus comme il est d'usage en tous les tribunaux collégiaux. Les défauts de forme seront corrigés plus vite et à moins de frais que devant le tribunal suprême, audience territoriale, salle du civil. »

Puisqu'il n'est pas possible, faute d'espace, de citer les modifications introduites par la commission du congrès dans le projet du gouvernement, nous nous bornerons à indiquer les plus importantes touchant à la procédure contentieuse.

Après dépôt de la demande, dit le rapport, le juge indiquera un jour pour le jugement préliminaire, en faisant citation aux parties. Le juge tentera la conciliation. Ce qui aura été convenu par les parties dans l'acte de conciliation deviendra sentence exécutoire. Si la conciliation n'a pas lieu, les parties assignées diront si elles veulent ou non poser une question préalable. Sont regardées comme questions préalables la litispendance, la prescription, l'incompétence de juridiction, le défaut de personnalité et la chose jugée. La question préalable posée, les parties entendues, et la preuve admise et justifiée, le juge décidera, en dernier resssort, s'il y a lieu à jugement. Le juge ordonnera que chaque partie désigne les trois jurés et le suppléant qui doivent former le tribunal.

Le juge indiquera un jour pour la proclamation du jugement...

En cas d'absence de l'un des jurés, on le remplacera par le suppléant.

En cas d'absence de deux ou plusieurs, et si le jugement ne peut avoir lieu, chaque absent payera cinq pesetas à chaque présent, à moins qu'on n'ait donné ou qu'on ne donne une excuse regardée comme valable par le juge.

Le tribunal constitué, on entendra les parties, on recevra et justifiera les preuves.

Les jurés pourront poser, tant aux parties qu'aux témoins, les questions qu'ils jugeront nécessaires à l'éclaircissement des faits.

La valeur des preuves sera décidée par le tribunal, qui consignera dans un acte les arguments de la partie adverse.

Après audience publique, le tribunal délibérera à huis-clos, rédigera et énoncera l'arrêt.

En cas d'égalité des voix, ou lorsqu'on n'aura pas obtenu d'accord à la majorité des votes, le tribunal fera appel aux plus anciens, une nouvelle séance publique aura lieu en présence des six jurés, des deux suppléants, et de deux nouveaux jurés, l'un patron et l'autre ouvrier, que, avec deux suppléants, désigneront les parties dans la forme prévue par la loi. En cas de nouvelle égalité des voix, le président aura voix prépondérante :..

Contre la sentence du tribunal industriel on permettra, dans le délai de cinq jours, le recours en appel devant l'assemblée plénière, laquelle sera constituée par sept jurés et deux suppléants patrons et par sept jurés et deux suppléants ouvriers, présidés par le juge. Les parties pourront désigner les mêmes jurés ou d'autres ayant pris part à la sentence de première instance.

Le recours en nullité se fera devant la salle du civil en l'audience territoriale si dans l'une des deux instances on avait :

1º Rendu la sentence sans avoir résolu une question préalable posée.

2º Rendu la sentence par moins de trois jurés patrons et de trois jurés ouvriers en première instance, et par moins de sept jurés patrons et de sept jurés ouvriers en seconde instance.

3º Condamné un mineur sans capacité et non assisté de la représentation légale.

4° Oublié d'assigner des personnes que l'on aurait dû citer pour le jugement.

5° Rendu la sentence par un ou plusieurs jurés dont la récusation, légalement fondée, et faite en temps et forme, aura été cependant contestée.

Le rapport de la commission fut soumis au congrès, qui l'approuva, et le remit au Sénat le 7 février de cette année.

III

Projets plus récents.

Il s'agit des quatre derniers cités plus haut. Tous quatre ont été présentés par M. le ministre Davila en novembre de l'an dernier. Le premier (aujourdhui sanctionné comme loi) est relatif à la réforme de l'article 2 de la loi du 13 mars 1900 touchant l'empêchement de travail pour la femme en cas d'accouchement. Les trois autres ont plus de portée. Quoi qu'on en pense, personne ne mettra en doute qu'ils n'abordent de graves problèmes sociaux, et qu'ils ne touchent aux intérêts fondamentaux de la classe ouvrière, considérée tant en elle-même, comme classe pauvre et modeste, que dans ses relations avec la classe patronale. Il suffira de rappeler l'objet respectif de chacun des trois projets pour que cette appréciation soit pleinement justifiée. L'un de ces projets se rapporte, comme nous l'avons déjà dit, à la création d'un *Institut national de prévoyance*, l'un des besoins « sociaux » les plus évidents, dans notre Espagne où manquent les institutions pouvant développer et garantir la prévoyance sociale des classes pauvres. Les deux autres projets ont pour but de régler deux phases capitales de la vie des travailleurs, aujourd'hui presque entièrement abandonnés à eux-mêmes par le droit positif, qui sur ce point paraît ignorer l'existence de l'industrie, au point de méconnaître, dans son étroitesse traditionnelle, les besoins de la grande masse ouvrière. Ces deux phases sont celle de l'*apprentissage,* et celle de la *location régulière de service ou de travail pleinement productifs* faits chez un patron. L'un des projets cherche en effet à régler juridiquement le *contrat d'apprentissage*, et l'autre à légiférer sur le *contrat de travail.* Tous deux essaient d'introduire des critères de justice dans les relations quotidiennes et permanentes de millions d'individualités *ouvrières collaborant* avec d'autres individualités *patronales*, pour *produire des choses* ou pour *rendre possible* la *vie* de relation dans nombre de ses importantes *manifestations*.

Je me propose de rappeler dans cet article quelques antécédents de ces projets et de les exposer le plus brièvement possible.

Nous commencerons par la réforme de l'article 9 de là loi sur les femmes et les enfants. L'histoire de la préparation de cette réforme présente un grand intérêt dès ses origines. Elle est liée à la loi d'exemption de saisies de salaires, et elle est due comme elle aux pétitions des personnes ayant intérêt à cette réforme. En mai 1905 se tenait à Madrid le huitième Congrès de l'*Union générale des travailleurs d'Espagne*, et l'ouvrière Virginie Gonzalez, déléguée au Congrès pour représenter les ouvriers en chaussures de Bilbao, proposa que les membres ouvriers de l'Institut de réformes sociales réclamassent la réforme de la loi et du règlement régissant le travail des femmes et des enfants, relativement surtout à l'interdiction de travail pour la femme avant et après ses couches. Le congrès l'accorda à l'unanimité, disant que la réforme devait s'inspirer des prescriptions de la science médicale (1). Les membres ouvriers, dont il est parlé plus haut, exécutant la mission reçue du Congrès de Madrid, présentèrent cette motion utile à l'Institut de réformes sociales le 15 janvier 1906, en motivant la modification de la loi en question.

Pour qu'on puisse se faire une idée de la proposition ouvrière et de la réforme projetée (devenue loi aujourd'hui), il faut rappeler les dispositions de la loi en vigueur relativement à la suspension de travail des femmes en couches.

L'article 9 de la loi actuelle s'exprime ainsi : « On défendra tout travail aux femmes pendant les trois semaines postérieures à l'accouchement.

«Lorsque pour cause de prochain accouchement l'arrêt du travail sera demandé par une femme, on lui conservera son emploi sur sa demande et trois semaines après ses couches. »

La motion ouvrière demandait que la période de suspension de travail après les couches fût étendue de quatre à six semaines, et qu'on incorporât dans la loi la règle de l'article 15 du règlement permettant aux ouvrières de réclamer la cessation du travail dès leur entrée dans le huitième mois de la grossesse.

Mais les représentants ouvriers à l'Institut demandaient plus encore :

---

(1) V. La motion présentée à l'Institut de réformes sociales sur la réforme dont il est parlé dans le *Bulletin de l'Institut* d'août 1906.

« Quelle que soit la durée du repos de l'ouvrière, il est nécessaire .de compléter les mesures de protection en lui facilitant les moyens de vivre et de subvenir aux besoins de son ménage, augmentés des soucis de la grossesse et des couches. Peu importe en effet que la femme se repose si la suppression de travail la prive des choses absolument nécessaires, et la laisse dans une situation d'abandonnée, incompatible avec tous ces soucis et faisant de son absence légale de l'atelier tout le contraire d'un avantage. Pour subvenir à ces besoins, il existe en Allemagne, sous le nom de caisse d'assistance, une institution que contribuent a soutenir l'État, les industriels et les travailleurs eux-mêmes, et dont le but est de fournir des pensions aux ouvriers vieux et infirmes, ainsi qu'aux femmes en grossesse et en couches. Les sous-signés proposent que l'Institut examine cet important problème et proposent, vu l'urgence de sa solution, un projet de loi sur les *Caisses d'assistance ouvrière*, suffisamment large pour que les ouvriers empêchés, vieux ou infirmes aient droit à une pension qui les garantisse contre la mort par abandon. »

L'Institut de réformes sociales fit un examen attentif de la motion en question. Il adopta ensuite la première partie de la proposition, qui se borne à réformer la loi actuelle dans le sens accepté par le congrès et par les législations analogues des autres États. D'ailleurs le temps concédé actuellement à l'ouvrière après ses couches est inférieur à celui qu'accordent les lois étrangères La loi allemande accorde au minimum quatre semaines qui peuvent être augmentées de deux autres, les lois autrichienne, belge, danoise, hollandaise, hongroise, quatre semaines, la loi anglaise un mois, de même que l'italienne, la roumaine quarante jours, et la loi suisse huit semaines en tout avant et après les couches. Voici les termes proposés par l'Institut, et acceptés par le gouvernement dans son projet de loi: « Le travail sera défendu aux femmes pour une durée de quatre à six semaines après les couches. En aucun cas cette durée ne pourra être inférieure à quatre semaines; elle sera étendue à cinq ou six sur certificat de médecin affir-mant que la femme ne peut se remettre au travail sans préjudice pour sa santé. Le patron devra reprendre chez lui l'ouvrière après ce laps de temps. La femme entrant dans le huitième mois de la grossesse pourra solliciter la suspension de travail, qui lui sera accordée sur renseignements favorables du médecin, auquel cas elle aura droit à ce qu'on lui garde son emploi. »

Pour l'autre partie de la proposition ouvrière, je me borne à dire que l'Institut de réformes sociales décida de faire une enquête pouvant servir de base à une proposition d'organisation d'une ou plusieurs caisses de maternité, destinées à secourir les ouvrières obligées légalement à la suspension de travail pour cause de couches, et par suite privées de leur salaire quotidien.

Les projets de loi sur les *contrats d'apprentissage et de travail* ont une origine distincte. Le premier est dû à l'ancienne Commission de réformes sociales ; le second à l'Institut de réformes sociales. Nous parlerons séparément de chacun.

Le contrat d'apprentissage fut examiné par la Commission citée plus haut à l'occasion du projet présenté par ses membres, MM. Azcarate, Inchannandiete, Santamaria et Ugarte, le 14 janvier 1903. La Commission discuta la proposition, et, la prenant pour base, formula un projet le 20 mars de la même année, projet qui est précisément celui que le ministre de l'intérieur soumit aux Cortès. On ne peut dire que le gouvernement se soit bien pressé cette fois, car il ne se hâta point de se décider.

Vu son intérêt et entraînant sentence exécutoire, l'apprentissage est évidemment l'un des soucis les plus justifiés des peuples civilisés, au point de vue éducatif et juridique. L'organisation pédagogique de l'apprentissage a une grande importance parce que d'elle dépend, en grande partie, le développement économique et industriel des nations. L'*ouvrier* est le nerf, ou tout au moins le muscle de l'industrie. Son éducation sociale et technique est l'une des nécessités pressantes de la société actuelle. Mais, si l'éducation pédagogique et technique de l'apprenti a une grande importance, la régularisation de sa position juridique au côté et dans l'intimité du patron importe tout autant. Ces deux questions sont intimement liées.

Il s'agit toujours en somme d'élever et d'assurer la condition « humaine » du futur ouvrier, non seulement parce que cela importe au travailleur adulte comme facteur productif, mais aussi à cause de la valeur actuelle de l'apprenti, comme source de rendement, et comme personne digne de l'intérêt et de l'attention de la société, intérêt et attention assurés par l'Etat.

Le projet de loi sur le contrat d'apprentissage comprend 29 articles groupés en huit sections ou chapitres, comme nous allons le montrer.

Le projet définit avant tout la *nature* et l'*objet* du *contrat*. La conception du légiste est très large.

« Le contrat d'apprentissage, est-il dit, est celui par lequel le patron s'oblige à former pratiquement un apprenti à un métier ou à une industrie, en tant qu'il utilise, moyennant rétribution ou non, et pour un temps déterminé, le travail de celui qui apprend. Cette disposition s'étend aussi à l'apprentissage commercial et aux travaux agricoles où l'on fait usage de moteurs mécaniques. »

Cette conception s'éclaire.et se définit par la suite par l'énoncé des règles locales remplaçant les stipulations spéciales qui font défaut.

Le contrat d'apprentissage ayant pour objet de former et d'instruire l'apprenti, s'il n'est pas stipulé de rémunération en faveur du patron ou de l'apprenti, on admettra tacitement l'échange de services qu'établit cette loi. Lorsque les conditions de logement, nourriture, habillement, assistance dans le travail, surveillance et instruction ne seront pas déterminées, il sera entendu que les trois premières obligations restent à la charge du père ou des répondants des apprentis, et les autres à la charge du maître ou patron, avec toute la portée et l'étendue que leur reconnait la loi. Les indemnités dues dans les cas de rupture ou rescision de contrat seront à la charge de la partie qui aura rompu, et elles auront la valeur qui aura été stipulée ou celle que fixeront les tribunaux compétents.

Le temps de validité du contrat est, point de grande importance, fixé à un maximum de *quatre ans*.

La deuxième section du projet définit les parties contractantes, qui sont, dans tous les cas, le patron ou maître et l'apprenti ou son répondant légal.

Les deux sections suivantes examinent chacune l'une des deux parties contractantes, et la cinquième traite de leurs devoirs et droits respectifs. Dans cette section, l'une des plus importantes, en tant qu'elle formule la norme juridique et, en quelque sorte, éthique, des relations qu'entraîne ce contrat spécial et difficile pour tant de raisons, les devoirs du patron ou maître sont déterminés de la façon suivante :

« Les devoirs et droits du patron ou maître et de l'apprenti seront ceux que stipule le contrat relativement au logement, à la nourriture, à l'habillement et à toutes les autres clauses librement convenues conformément à la loi. »

Sont ensuite spécifiés certains points du contrat et certaines obligations du patron, de grande importance. En premier lieu il est parlé de la journée de travail. « La durée de la journée de travail sera celle que détermine le contrat, à condition qu'elle ne dépasse pas celle que fixe la loi, et qu'elle tienne compte du sexe et de l'âge de l'apprenti. S'il n'y a rien de stipulé sur ce point, il est entendu qu'elle sera établie d'après les usages locaux, pour l'industrie ou le travail objets de l'instruction de l'apprenti. Les cas de différends seront tranchés par les tribunaux industriels, s'il en existe, ou par la Junte locale de réformes sociales, et en dernière extrémité par le juge municipal. »

Il est ensuite traité des obligations auxquelles j'ai fait allusion :

« Le patron ou maître doit surveiller l'apprenti à l'intérieur de l'atelier, et ainsi qu'au dehors, dans la mesure du possible, pour empêcher les fautes ou égarements qu'il risque au préjudice de son instruction et de sa moralité. Il devra faire appel au père ou au répondant lorsque son autorité ne pourra apporter de remède, ou lorsqu'il s'agira de faits graves. Le patron ou maître doit faciliter l'instruction générale non incompatible avec l'apprentissage du métier choisi, surtout en envoyant son apprenti à des écoles techniques dont l'enseignement est en rapport avec son industrie. Si l'apprenti ne sait ni lire ni écrire, le patron devra lui accorder deux heures par jour pour aller à l'école. Il devra également lui laisser un temps suffisant pour accomplir ses devoirs religieux. En cas d'infirmité ou d'accident imprévu, le patron ou maître doit en aviser immédiatement les parents ou les répondants. »

Les devoirs de l'apprenti sont synthétisés dans les dispositions suivantes :

« L'apprenti doit obéissance au patron ou maître dans tout ce qui se rapporte à l'instruction technique qu'il reçoit, dans le travail en rapport avec cette instruction et dans l'accomplissement des obligations stipulées dans le contrat. L'apprenti doit aussi au patron ou maître considération et respect, et il est obligé de se conduire avec zèle et fidélité dans tous ses rapports avec lui. L'apprenti doit accomplir le temps marqué pour l'apprentissage, tel que l'exige le patron ou maître, en additionnant la durée réelle du service et celle des maladies et congés.

La section sixième traite de la forme du contrat, disant qu'il sera rédigé par écrit public ou par document privé. La section septième parle de la rupture du contrat, et en dernier lieu, relativement à l'*achèvement du contrat*, elle donne les dispositions suivantes :

« L'apprenti a le droit d'achever la durée de son contrat, d'obtenir un certificat, signé du patron ou maître, et indiquant le degré de connaissances et d'habileté pratiques qu'il a atteint dans la fonction ou dans l'industrie, objets de la convention. »

Le projet de loi sur le *contrat de travail* est dû à l'Institut de réformes sociales. C'est là qu'on l'entreprit, ou plutôt on l'entreprit auparavant dans l'ancienne Commission, laquelle en l'année 1901 s'occupa de ce sujet, dont l'avait chargée le ministre de l'intérieur ; ce qui fait qu'elle formula un *Projet de bases de caractère général relativement à la rédaction du contrat de travail qui devra régir à l'avenir les relations entre les compagnies de tramways et leur personnel*. Par la suite, en 1903, l'on présenta, dans la même Commission, les *bases d'un projet de loi spécial sur les contrats de travail* (1). L'institut de réformes sociales n'étudia le problème qu'en 1904, année où en effet ses membres, MM. Azcarate, Inchannandiete, Santamaria et Ugarte présentèrent les *Bases d'un projet de loi sur les contrats de travail*, lesquelles furent discutées en détail et avec soin, puis approuvées avec divers changements dans la séance du 11 mai 1905. Ces *bases* furent soumises immédiatement au gouvernement, qui en fit le *Projet de loi* présenté aux Cortès en novembre dernier (2).

Ce projet constitue une véritable loi organique du contrat de travail et diffère singulièrement des dispositions établies par le code civil sur le contrat que l'on considère d'ordinaire comme l'équivalent du contrat de travail. On ne peut s'empêcher de reconnaître que notre droit positif traditionnel contient bien peu de chose que l'on puisse appliquer à ce contrat, dont la nature et la complexité supposent des problèmes juridiques difficiles en théorie comme en pratique. M. Chatelain, considérant le droit positif français, a mis en relief les difficultés essentielles d'interprétation que le contrat de travail soulève lorsqu'on veut le rapprocher des règles et catégories du droit traditionnel (3). Le droit espagnol en soulève tout autant, car nous sommes très loin d'avoir expliqué pratiquement les faits juridiques que l'analyse objective découvre dans les relations entre patron et ouvrier. Étant donné surtout que ces relations ont pour résultat un *produit*, sous forme de *chose* nouvelle, qui naît de l'effort du travailleur (nous dirons même qui est « créé » par lui) de quoi s'agit-il ici ? d'un échange de services ? d'une *collaboration* ? d'une convergence d'efforts en commun, c'est-à-dire d'une *société* ? d'un effet de l'accès au capital ? ou bien enfin d'une synthèse juridique nouvelle ?

Mais ce n'est pas l'occasion de débattre ces problèmes très graves. Il suffit de ces indications pour justifier la nécessité d'une organisation juridique qui brise les cadres étroits du code civil, surtout si

---

(1) Institut de réformes sociales, *Législation du travail*, p. 109.

(2) V. ces discussions dans le *Bulletin de l'Institut de réformes sociales*, vol. 1.

(3) Chatelain, *Le contrat de travail*.

l'on tient compte que ce contrat de travail symbolise l'intérêt économique et la condition sociale de millions de personnes, dont la vie dépend, sous des rapports essentiels, du développement des relations qu'engendre ce contrat. Que de gens sont intéressés à ce qu'on interdise une journée de travail excessive, ou bien à ce que l'on fixe un salaire minimum ! Combien alors importe, pour la vie sociale tout entière, une réglementation juridique du contrat de travail ayant pour but une amélioration du contrat collectif !

Le projet dont nous parlons comprend 36 articles, que leur étendue nous empêche de reproduire ici. Il nous suffira d'en présenter les principales dispositions. — Notions du contrat :

« Le contrat de travail a pour objet la location rétribuée de services d'un caractère économique, qu'ils soient industriels, mercantiles, agricoles ou domestiques. Sont toutefois exclus des dispositions de cette loi, les contrats de travail en coopération ou commission, les services accidentels ou de peu de durée, les travaux par entente immédiate ou au comptant accomplis en dehors d'un établissement ou d'une exploitation, les travaux faits directement par les patrons, travaux qui seront soumis aux règles légales des législations civile et commerciale. Pour le travail des femmes et des enfants, on se reportera aux dispositions prévues par la loi du 13 mars 1900 et au règlement du 13 novembre de la même année, qui détermine l'application de cette loi. Pour l'apprentissage, on se reportera aux dispositions de la loi spéciale relative à ce sujet. »

La détermination des parties qui peuvent faire contrat est réglée par la disposition suivante :

« Si le contrat se fait entre le patron et un syndicat ou une association au nom des ouvriers, ces collectivités seront directement responsables des obligations contractées par chacun des travailleurs, et elles auront également la personnalité nécessaire pour exercer les droits correspondant à ces devoirs. »

Le contrat de travail peut se faire par écrit ou de vive voix. Il peut en outre se faire pour un temps indéfini, pour un temps ou pour un travail déterminés.

Conditions spéciales du contrat : 1° Déterminer, avec autant de précision que possible en chaque cas, le service pour lequel on a fait contrat. A défaut de cette détermination, on s'en tiendra à la coutume du métier, suivant le caractère des services auxquels on s'est engagé par contrat ; 2° préciser si la prestation de travail a lieu par unité de temps, par unité de travail ou à la tâche ; 3º indiquer le montant et la forme de la rémunération convenue. »

Relativement à la *journée* il est établi ce qui suit : « Lorsqu'on n'aura pas convenu à l'avance de la durée de la journée, ou lorsqu'elle ne sera pas établie par une loi spéciale, il sera entendu qu'elle est fixée à huit heures par jour. Pour les services domestiques, agricoles et de navigation, la durée de la journée, à défaut d'entente expresse, sera déterminée par l'usage. Le contrat stipulant une durée notoirement exagérée et inhumaine ; étant donné le genre de travail, sera considéré comme nul. »

Le projet parle ensuite des formes de la rétribution et, entre autres choses, établit ce qui suit : « Le payement de la rétribution se fera par semaines, si les conditions convenues ne s'y opposent pas, sans qu'il puisse toutefois, en aucun cas, se faire à intervalle de plus d'une quinzaine. Pour le service domestique, il pourra se faire par mois. Les salaires ne pourront être payés en des lieux de plaisir, tavernes, caves ou boutiques, sauf dans le cas d'ouvriers employés dans ces établissements. A partir de la promulgation de cette loi, sont annulées dans les contrats actuels de travail, et défendues pour tous les contrats à venir, toutes les conditions qui directement ou indirectement obligent les ouvriers à acheter les objets de consommation en des magasins ou lieux déterminés. »

« Sont exceptés des interdictions précédentes les économats organisés par les patrons ou entrepreneurs de travaux à l'usage de leurs ouvriers, à condition que ces économats observent les prescriptions suivantes : 1º liberté absolue pour l'ouvrier d'accepter la fourniture ; 2º affichage des conditions et prix de cette fourniture ; 3º continuation de la fourniture tant que l'ouvrier n'est pas congédié ; 4º vente des marchandises au prix coûtant.

« Les inspecteurs du travail sont autorisés à exiger soigneusement l'observation des conditions indiquées. Pour que les économats auxquels se rapportent les dispositions précédentes puissent fonctionner, il faudra l'autorisation de la Junte locale de réformes sociales. »

Le projet examine ensuite les devoirs et obligations des patrons et des ouvriers, la réglementation de l'industrie, les contraventions pour infractions aux règlements de l'industrie, les réductions de salaires, donne d'intéressantes règles sur la préférence donnée aux salaires mérités, pour les indemnités dues à l'ouvrier, et règle en détail les ruptures de contrat et la suspension du travail.

Le projet contient en outre diverses dispositions finales destinées à régler les contrats de travail où l'*Etat est patron*. Je les reproduis, vu l'indiscutable intérêt qu'elles présentent, comme indications et exemples, étant donné que l'Etat doit toujours et en tout se montrer le patron modèle. Les voici :

« Les contrats de travail faits par l'administration de l'Etat ou en son nom, obéiront aux conditions suivantes : 1° ils seront faits pour un temps et pour un objet déterminés; 2° la durée normale du travail sera de huit heures. Dans les circonstances extraordinaires, ou dans les cas d'urgence déclarés par le directeur du travail en question, ou dans les cas de travaux en pays dépeuplé, des journées plus longues seront permises. Mais chaque heure de travail supplémentaire sera payée comme une heure et demie de travail ordinaire. Ces heures supplémentaires, dans les cas de travail en pays dépeuplé ne pourront pas dépasser deux; 3° pour fixer les salaires on se conformera aux renseignements donnés par les gens du métier, par les corps de métier et par les associations ouvrières qui existent. Si le contrat n'indique pas le temps du travail et s'il s'agit d'un travail de longue durée, il sera entendu que les salaires sont établis pour un an, au bout duquel ils seront rectifiés; 4° le salaire devra être payé en numéraire et par semaine. On pourra le payer par quinzaine en cas de travaux en pays dépeuplé; 5° dans les cas de maladies graves de l'ouvrier, non prévus par la loi sur les accidents du travail, l'ouvrier aura le droit d'être assisté par les institutions de bienfaisance de l'Etat ou de la province, de recevoir pendant quinze jours la moitié de son salaire ordinaire et de se voir conserver sa place pendant deux mois; 6° avec les amendes imposées aux ouvriers conformément aux règlements, l'on constituera un fonds de réserve, qui sera partagé chaque année entre les ouvriers les plus nécessiteux ou les plus méritants par leur bonne conduite. Ces gratifications seront accordées, moitié par les directeurs du travail, moitié par le vote des ouvriers. Dans les travaux et services publics exécutés par contrat, ces conditions seront imposées aux adjudicataires, la caution exigée sera fixée à une somme suffisante pour assurer l'observation de ces clauses. Après vingt ans de travail dans les usines, ateliers, arsenaux ou mines de l'Etat, durée justifiée dans la forme établie par les règlements, l'ouvrier devenu invalide aura droit à ce que l'Etat lui octroie jusqu'à sa mort une pension de retraite, équivalente au quart du salaire maximum qu'il a perçu pendant deux ans, à moins que d'autres lois ou règlements ne lui donnent droit à une pension plus avantageuse. La pension, en tout cas, ne sera jamais inférieure à une peseta par jour. Le droit à une pension, acquis par l'ouvrier ayant travaillé vingt ans aux susdits services de l'Etat, sera transmissible à sa veuve et à ses enfants âgés de moins de seize ans. »

Nous ne pouvons consacrer qu'un petit nombre de pages au quatrième et dernier des projets indiqués plus haut, savoir : le projet relatif à la création d'un *Institut national de prévoyance*. Ce projet, tout comme les autres, vient de l'Institut de réformes sociales (1) où son élaboration a été longue et précédée d'une préparation attentive et détaillée, due surtout à l'examen approfondi qu'en a fait un membre illustre de cet Institut, M. Maluquer y Salvador (2). Contentons nous de dire que, après les enquêtes de ce dernier, le projet fut approuvé par l'Institut, et ensuite examiné par la *Conférence sur la prévoyance populaire*, réunie à Madrid en octobre 1904, et où l'on peut voir l'origine la plus immédiate du projet. Il y fut discuté, et l'on y décida l'urgence de la création d'un Institut national de prévoyance. La délégation de l'Institut de réformes sociales à la Conférence, composée de MM. Azcarate, Dato, Gomez Latorre (ouvrier), Maluquer, Salillas et Serrano (ouvrier), se déclara en permanence et rédigea le projet de loi sur l'*Institut national de prévoyance*, que l'Institut de réformes sociales approuva avec de légères modifications le 2 novembre 1905 ; et c'est ce même projet que le gouvernement soumit l'année suivante aux Cortès. Qui s'intéresse au but poursuivi par la loi projetée, ainsi qu'à ses bases financières et à son fonctionnement technique, n'a qu'à se reporter à la lumineuse exposition qui précède le projet de la délégation ci-dessus, et à l'explication de ce projet écrite par Maluquer dans son livre sur l'*Institut national de prévoyance*, mentionné plus haut en note. Pour ma part, je me borne à donner ici une indication de cette exposition, ainsi que les dispositions principales du projet de loi.

« Suivant la phrase bien juste de l'illustre directeur général de la Caisse d'épargne et de retraites de Bruxelles, M. Lepreux, les écono-

---

(1) Institut de réformes sociales. *Institut national de prévoyance et ses relations avec les organisations similaires*; 1 vol. 252 pages, 1906.

(2) José Maluquer y Salvador. — *Caisses de pensions pour ouvriers*, Madrid 1903 (première édition). *Caisse nationale d'assurance populaire*, Madrid 1904 (2e édition). *Caisses nationales d'assurance populaire. Information législative*, Madrid 1904. *Francia. Distractions ouvrières. Importance techniques des travaux officiels* (développement de l'*information législative*), Bulletin de l'Institut de réformes sociales, mars 1905. Voir aussi : *Conférence nationale sur la prévoyance populaire. Bulletin*, numéro de novembre 1904.

mies simplement soumises à l'action de l'intérêt composé sont l'origine de la prévoyance du premier degré (caisses d'épargne) : si l'on ajoute l'effet de la mortalité, elles donnent la prévoyance du second degré (caisses de retraites). L'Etat espagnol s'est jusqu'ici borné à organiser la prévoyance du premier degré, au moyen de nos caisses d'épargne, dignes d'éloges dans leur sphère particulière. Pour la prévoyance du second degré, appliquée plus ou moins largement, les mêmes facilités et avantages que donnent les caisses d'épargne pour celle du premier degré, sont offerts par les institutions organisées dans ce but, Caisse nationale de retraites pour la vieillesse en France, Caisse nationale de prévoyance pour les maladies et la vieillesse des ouvriers en Italie, Caisse générale d'épargne et de retraite en Belgique, institutions officielles d'assurance obligatoire en Allemagne et en Autriche, Caisse nationale de retraite pour les ouvriers des mines en Grèce et en Roumanie, Caisse nationale de retraite pour les ouvriers des établissements de l'Etat en Portugal, et autres analogues.

Si notre désir était de nous servir de l'expérience étrangère pour mieux organiser notre œuvre en cette matière, il est certain que nous avons déjà à notre disposition suffisamment de matériaux, qui d'ailleurs s'augmenteront à brève échéance, et que, si nous n'allons pas plus de l'avant que ne le fait la Russie contemporaine à ce point de vue, nous risquons de demeurer une exception sur le continent européen dans ce qui se rapporte à l'organisation par l'Etat, soit du régime de l'assurance libre, soit de l'assurance obligatoire, ainsi que des pensions de retraites des classes laborieuses. »

La partie organisée du projet (40 articles et 3 dispositions transitoires) est distribuée en quatre chapitres de la façon que nous allons indiquer.

Chapitre premier. — Il traite du but et de l'organisation de l'Institut :

« L'Etat organisera un Institut national de prévoyance dans les buts suivants : 1° répandre et inculquer la prévoyance chez le peuple, surtout celle qui se réalise sous forme de pensions de retraites; 2° administrer, dans les conditions les plus avantageuses pour les associés, les sociétés mutuelles qui effectivement et volontairement se constituent sous ce patronage; 3° stimuler et encourager l'usage des pensions de retraites, en veillant à leur bonification, générale ou particulière, par des personnalités officielles ou privées. »

« Cet Institut aura la personnalité civile, le droit de s'administrer et de posséder. Son patrimoine sera constitué de la façon suivante : 1° par un capital de fondation non inférieur à 500.000 pesetas, donné par l'Etat ; 2° par l'ensemble des cotisations des associés ; 3° par les intérêts et produits des fonds sociaux ; 4° par une subvention annuelle en rapport avec le développement et avec les besoins de l'Institut et aussi en rapport avec ce dont le budget de l'Etat peut disposer pour les dépenses administratives et pour la bonification générale des pensions, subvention établie par les deux parties et qui ne sera pas inférieure à la somme de 125.000 pesetas, laquelle sera versée pour le premier exercice ; 5° toutes autres donations ou legs en faveur de l'Institut et venant des assemblées provinciales, des municipalités, des corporations ou des particuliers. A la tête de l'Institut national de prévoyance sera une commission de patronage chargée des fonctions d'organisation, de direction et de représentation générale de l'Institut, lequel s'occupera des services essentiels des dépôts et de la trésorerie. »

Le second chapitre se rapporte aux *opérations*, et il dit entre autres choses :

« L'Institut aura, comme opérations spéciales, les rentes à vie à longue échéance ou immédiates, constituées au profit des personnes des classes laborieuses, au moyen de versements, unique ou périodiques, vérifiés par ceux qui en jouiront ou bien par d'autres personnes ou sociétés opérant au nom des premières, sous réserve de transmission du capital, en totalité ou en partie, aux ayants-droit de ces personnes. Pourront être constituées de la même façon des pensions de retraite au profit des ouvriers de l'Etat et des employés ou des fonctionnaires publics ou privés de toutes classes, dont le traitement ne dépasse pas 3.000 pesetas par an, et à qui les dispositions légales actuelles n'accordent pas la retraite au bout de vingt-cinq ans. Lesdites rentes pourront également être constituées après sentence judiciaire, et conformément aux statuts et règlements de l'Institut. »

Le troisième chapitre développe le droit spécial relatif à la réforme projetée. Il traite aussi de la faculté qu'a l'Institut de faire des contrats de rentes ou pensions de retraite, tant avec des Espagnols qu'avec des étrangers, — sous certaines conditions avec ces derniers, — de la situation du mineur ou de la femme mariée relativement aux opérations de l'Institut, de la transmission aux ayants-droit de l'associé de tout ou de partie du capital fixé par le contrat de rente établi dans le dites conditions, etc., etc.

Le chapitre quatre traite des *relations* avec les *Instituts ayant le même but*. Il donne, entre autres, les dispositions suivantes :

« Les institutions de bienfaisance de toutes espèces pourront : 1° assurer à l'Institut national de prévoyance la totalité des pensions de retraite que réclament leurs associés, et à cet effet ces assurances collectives auront des privilèges spéciaux ; 2° réassurer une partie de ces opérations ; 3° établir un contrat d'assurance, en vertu duquel chaque contractant assure séparément une partie de l'opération.

« L'Institut national de prévoyance s'occupera d'organiser sa représentation provinciale ou locale par des caisses d'épargne et par des sociétés réassurées ou coassurantes, au moyen de contrats reconnaissant l'indépendance complète entre leurs fonctions spéciales et leurs responsabilités. L'Institut national de prévoyance étant chargé de la gestion exclusive du fonds général de bonification pour pensions de retraites, fonds complété par la subvention de l'Etat, il appliquera lesdits bonis à la totalité des opérations qu'il réassure ou coassure en partie, en observant les statuts et contrats correspondants, et en conformant ses conditions à celles généralement en usage. L'Institut national de prévoyance pourra convenir de réciprocité de services avec les institutions étrangères de caractère analogue. »

Les dispositions transitoires se rapportent à la manière de transmettre le capital de fondation aux Instituts dès leur constitution, ainsi qu'aux mesures préparatoires nécessaires au début de la formation de ces Instituts.

Pour compléter cette enquête, il est nécessaire d'indiquer, à côté des lois et des projets de lois exposés, deux propositions de lois dues à l'initiative parlementaire, et d'un intérêt évident pour la classe ouvrière. L'un, due au sénateur Castro Artacho, est relative aux subventions à faire aux sociétés construisant des maisons ouvrières ; l'autre, due au sénateur évêque d'Astorga, aux privilèges des associations ouvrières dans l'exécution des travaux de l'Etat, des provinces et des communes. Ces indications complètent l'exposé que nous avons voulu faire de la réforme sociale en Espagne, naturellement au seul point de vue de l'intervention de l'Etat au moyen de lois.

(Traduit de l'espagnol par Charles Rossigneux, membre de la Société de Sociologie de Paris.)

18 décembre 16

18 décembre 16